I.K. 12 306.

LETTRE

DE L'ASSEMBLÉE GÉNÉRALE

DE LA PARTIE FRANÇOISE

DE SAINT-DOMINGUE,

aux chambres du commerce et manufactures du royaume.

MESSIEURS,

L'assemblée générale des représentants de Saint-Domingue, paroissant tout d'un coup au milieu de la France, se transportant au sein de l'assemblée nationale, réclamant pour une vaste et riche contrée le droit de partager le bonheur nouveau dont jouit le reste de l'empire, offre un de ces grands spectacles qui ne peut manquer de fixer tous les regards, et qui doit principalement atti-

A

rer les vôtres. Vos immenses liaisons avec le pays qui nous a confié ses intérêts, vous rendent en quelque sorte habitants de ce pays même, et il ne peut y survenir aucun événement remarquable, qu'il ne pique votre curiosité, n'éveille votre attention, et ne communique un mouvement à vos fortunes.

C'est en considération de ces liens multipliés qui nous unissent, et qui rendent véritablement notre cause commune, que nous nous empressons de vous faire part des scenes qui viennent de se succéder dans notre isle, de l'état déplorable où nous l'avons laissée, et des motifs de notre démarche. Il importe que vous soyez bien instruits; et nous sommes trop fondés à croire que vous n'avez pas reçu des renseignements toujours fideles sur ce que nous avons fait, et sur ce que nous nous proposions de faire. Le moment est venu où nous devons agir fraternellement, oublier toute prétention exagérée, et travailler de concert à la prospérité de tous.

Depuis long-temps les colons de Saint-

Domingue reconnoissoient que la fertilité de leur sol ne suffisoit pas pour les rendre heureux : les attentats du despotisme remplissoient leurs jours de tristesse, les forçoient à chercher un meilleur sort au-delà des mers, et à délaisser leurs habitations, qui languissoient dans leur absence. Vexés par le ministre de la marine, qui les accabloit de sa toute puissance, par des administrateurs éphémeres, oracles impurs et toujours écoutés, par des réglements absurdes, fruits de l'orgueil, de l'ignorance et de l'intrigue ; nul peuple ne soupiroit davantage après un meilleur ordre de choses. Quand le monarque bienfaisant, qui préside aux destinées de la France, a convoqué les états généraux pour détruire les nombreux abus dont elle étoit couverte, ils ont tressailli d'allégresse, dans l'espérance de voir finir leurs maux : quand ils ont appris les opérations sublimes de l'assemblée nationale, qu'ils ont vu renverser tous ces préjugés, vieux enfants de la barbarie, ennemis obstinés et absurdes du bonheur des hommes, et que leur antiquité rendoit presque sacrés, ils

n'ont point été sourds à un si grand aver-
tissement; et suivant la route qui leur étoit
ouverte par leurs compatriotes , ils ont mar-
ché de leur côté vers une régénération nécessaire.

Au mois d'avril dernier une assemblée
générale a été formée par le vœu libre de
toutes les paroisses : deux cents douze citoyens se sont éloignés de leurs foyers, et
par ce premier abandon de leurs intérêts
particuliers, ils ne se sont pas rendus indi-
gnes de s'occuper de la chose publique ; le
desir d'être justes les a conduits dans une
carriere toute nouvelle ; et leurs opérations
ont été constàmment avouées par leurs
consciences. Chargés de poser les bases
d'une constitution propre à la plus floris-
sante des colonies, ils n'ont pas tardé à
s'appercevoir que leur tâche se divisoit na-
turellement en deux parties ; le régime intérieur et domestique de Saint-Domingue ,
et ses relations commerciales.

Quant au régime intérieur, la plus forte
de toutes les preuves, c'est-à-dire, une ex-
périence d'un siécle, leur a appris que les

loix ne pouvoient être sagement faites qu'au
sein même de la colonie : leur opinion étoit
appuyée sur l'exemple des peuples libres
qui honorent la terre, sur les principes so-
lemnellement avoués par les législateurs de
la France, sur cette justice éternelle et im-
prescriptible, qui veut que la loi soit le pro-
duit du consentement de ceux-là qui y
obéissent, parce qu'eux seuls peuvent la
décréter praticable et salutaire.

Quant aux relations de commerce, les représentants de S. Domingue ont reconnu que le
sort de leurs constituans étoit étroitement lié
avec celui de la mere patrie ; ils ont ressenti
quelque orgueil en voyant à quel point l'industrie coloniale influoit dans la balance
politique, en s'appercevant qu'elle assuroit
à la France l'avantage dans tous les mar-
chés de l'Europe; qu'elle entretenoit la gran-
deur et la force dans toutes les villes mari-
times ; qu'elle excitoit l'émulation dans un
grand nombre de manufactures; qu'elle ou-
vroit un débouché aux productions territo-
riales du royaume; qu'elle alimentoit enfin
une classe de plus de six millions d'hommes.
Combien ces idées ont redoublé notre pa-

triotisme ! Comme nos cœurs ont été satis-
faits en découvrant l'utilité dont nous sommes
à nos compatriotes ! et que le dessein de tarir
pour eux la source de nos trésors, étoit loin
de nos cœurs et de nos pensées.

Concourir de plus en plus à la gloire de
l'empire François, dont nous faisons partie,
le voir majestueusement s'élever à la place
que la nature et sa constitution lui assignent,
partager sa félicité actuelle, n'obéir qu'à des
loix paternelles appropriées à notre position,
à notre sol, à nos habitudes, voilà tous nos
vœux et toute notre ambition; et voilà ce qui
a dicté notre décret du 28 mai dernier, que
vous pouvez déja connoître, et dont nous
joignons ici quelques copies. Ce décret n'est
plus notre simple ouvrage, il est celui de
la colonie entiere qui lui a donné l'adhé-
sion la plus formelle.

Nous ne nous attendions pas à parcou-
rir paisiblement la carriere de nos travaux;
en effet, nos ennemis naturels, les agents
du pouvoir arbitraire, et ceux dont les avi-
des mains tiennent et profanent la balance
de la justice, ont dirigé tous leurs efforts
contre nous; mais s'ils sont parvenus à se-

mer notre route d'épines , ils n'ont pu abattre notre courage : inutilement ils ont ourdi des trames ténébreuses ; ils ont vomi l'injure et la calomnie ; ils ont supposé des projets destructeurs ; nous avons triomphé de leurs menées sourdes et honteuses , et nous avons forcé ces ennemis du bien public à mani-fester leurs crimes en déployant la force des armes , et se livrant à des assassinats nocturnes.

Pouvez-vous croire à ce dernier attentat du despotisme? Le gouverneur a poussé l'oubli de ses devoirs jusqu'à déclarer notre assemblée dissoute ; jusqu'à envoyer des troupes armées contre nous, et contre la ville qui nous avoit ouvert son enceinte, et qui se félicitoit d'être le lieu de nos séan-ces. Nous avons gémi sans doute de voir que des soldats parjures tournoient leurs armes contre ceux qu'ils devoient défendre; mais ce qui a comblé notre désespoir , c'est que leur troupe homicide étoit grossie par des citoyens qui, dans leur délire , sembloient se glorifier de cette réunion atroce, et l'ont célébrée par des fêtes.

Il faut bien vous l'avouer, ce sont vos

agents, ceux auxquels vous avez donné votre confiance, les capitaines de vos navires, quelques négociants de Saint-Domingue, entraînés sans doute par les instigations des tyrans, et victimes d'une erreur affreuse, qui ont trempé dans ces complots abominables, sous le prétexte insensé que nous voulions faire scission avec la France, qui nous est si chere; ils ont assez méconnu vos intérêts pour nous déclarer une guerre ouverte, et ont allumé un incendie qui pouvoit tout dévorer. C'est alors que, recueillant tout notre sang-froid et toute notre raison, nous avons senti qu'un dévouement absolu de notre part, pouvoit seul arrêter les maux prêts à fondre sur l'isle malheureuse que nous représentons. Alors nous avons détourné nos regards de tout ce qui nous est cher et précieux, et nous nous sommes déterminés à traverser les mers dans le dénuement le plus absolu, exposés à tous les besoins, et au péril de notre existence et de notre fortune.

Puisse cette grande résolution en avoir imposé aux oppresseurs de Saint-Domingue, avoir appaisé les feux de la guerre civile, sauvé les propriétés de nos concitoyens et les vôtres! mais nous ne pouvons vous dissimuler que le péril est extrême, et qu'il faut y porter un prompt remede.

Quelle est la fatalité qui regle notre sort! Comment arrive-t-il que la discorde s'introduise parmi ceux qui devroient être les plus unis? personne n'ignore ces vérités premieres, que les intérêts de l'agriculteur et du commerçant sont communs, que leur alliance est nécessaire, que leur division est funeste, que la terre ne vaut que par la consommation de ses productions, que le commerce ne s'exerce que sur les productions de la terre : cessons donc de nous livrer de perpétuels combats, n'oublions pas que nous nous devons une aide réciproque, et ne cherchons plus à remporter les uns sur les autres de désastreux avantages. Ah! peut-être que nous aurions toujours vécu dans cette union desirable sans l'intervalle qui nous sépare et qui nous livre à des intermédiaires. Peut-être que ce sont les derniers qui s'élèvent sur nos ruines, et qui profitent de notre mésintelligence et de nos dépouilles.

Ecoutez les représentants de Saint-Domingue qui vous font entendre une voix loyale et véridique. Au nom du pays que nous avons laissé dans le deuil, et auquel nous espérons bientôt porter la tranquillité et le bonheur, nous vous déclarons que vos droits nous seront toujours sacrés, que nos obligations envers vous ne sont point un fardeau pour nos cœurs, que nous nous souvenons avec reconnoissance que vous nous avez aidés à créer ou agrandri nos biens, nous ne demandons qu'à consacrer le contrat tacite qui existe entre vous et la colonie, en y insérant les clauses les plus légitimes et en y donnant la forme la plus imposante. Nous prenons le ciel à témoin que jamais nous ne transgresserons les loix auxquelles l'équité nous aura fait souscrire.

De votre côté vous allez sans doute mettre à profit les circonstances prosperes dans lesquelles se trouve le royaume. Certains que votre pavillon sera respecté sur toutes les mers, vous allez rétablir l'honneur du nom françois dans tous les parages, prouver qu'un gouvernement vicieux avoit seul arrêté votre essor, et remporter sur les au-

.tres nations le prix du courage, de la sagesse et de l'industrie.

Nous avons l'honneur d'être, avec un fraternel attachement,

MESSIEURS,

Vos très humbles et très obéissants serviteurs.

Les membres de l'assemblée générale de la partie françoise de S.-Domingue,

Signé, Daugy, président.
De Bourcel, vice-président.

LE RAY de la CLARTAIS,
VENAULT DE CHARMILLY, } *Secrétaires.*
DAUBONNEAU,
DENIX,

A bord du Léopard, en rade de Brest, le 13 septembre 1790.

De l'imprimerie de DIDOT FILS AÎNÉ, rue Payée.